LEGENDS

Douglas Kirkland

LEGENDS

a cura di / edited by
Françoise Kirkland

LEONARDO ARTE

In copertina: Douglas Kirkland
Marylin Monroe
Hollywood, 1961

Foto in quarta di copertina
di Roberto Tronconi

Douglas Kirkland Legends

centro internazionale di fotografia
scavi scaligeri

Verona
Scavi Scaligeri
Cortile del Tribunale
3 ottobre 1997 - 4 gennaio 1998

La mostra è stata organizzata da
Exhibit organization
Comune di Verona
Centro Internazionale
di Fotografia
Assessorato alla Cultura
in collaborazione con/with
Agenzia Grazia Neri

Assessore alla Cultura
Giovanni Luca Darbi

Dirigente del Settore Cultura
Francesca Buniato

Direttore dei Musei e Gallerie d'Arte
Paola Marini

Assistenti all'organizzazione
Assistants
Gabriella Fassina
Maria Pia Mazzi
Giusy Pasqualini

Allestimento
Installation
Eleonora Boaro

Mostra a cura di
Exhibit direction
Françoise e Douglas Kirkland

Coordinamento/Coordination
Grazia Neri
Elena Ceratti

Il catalogo è stato coordinato
da/The catalogue was
coordinated by
Chiara Mariani

L'agenzia Grazia Neri rappresenta
Douglas Kirkland in Italia
Grazia Neri Agency represents
Douglas Kirkland in Italy

Un anno dopo… Douglas Kirkland

Giovanni Luca Darbi

Il 27 settembre 1996, la città di Verona ha "deciso di dedicare" all'arte della fotografia uno scenario affascinante e denso di storia. Da allora innumerevoli sono state le immagini ospitate, immagini con cui si sono volute rappresentare le varie sfaccettature assunte dalla suddetta arte. La fotografia, pertanto, da semplice procedimento ottico, meccanico e chimico (quale comunemente intesa) è divenuta rappresentazione dell'animo giornalistico con David e Peter Turnley, espressione del concettuale con Isabel Muñoz, manifestazione dell'ironico con Elliot Erwitt. Con le immagini degli archivi fotografici dei fratelli Enzo e Raffaello Bassotto la fotografia è poi riuscita a mostrare concretamente il valore di "documento" che pure possiede sempre in sé, "documento" inteso nell'accezione cara a Walker Evans.

L'arte delle immagini o fotografia che dir si voglia, è nata da poco: c'è quindi ancora molto da lavorare affinché essa non rimanga patrimonio e/o "prerogativa" dei pochi eletti che sanno maneggiare gli strumenti dell'arte stessa.

Non occorre tuttavia dedicare alle "immagini" solo ulteriori o nuovi spazi, ma occorre entusiasmare sempre più nuovo pubblico permettendo allo stesso di cogliere l'essenza dell'arte fotografica attraverso quelle "rappresentazioni" della realtà di persone o luoghi che siano al tempo stesso semplici e capaci di suscitare emozioni. Per questo motivo il Centro Internazionale di Fotografia Scavi Scaglieri ospita quest'anno le immagini di Douglas Kirkland.

Alcune fotografie di questo artista fanno già parte del patrimonio personale di ciascuno di noi perché con essa sono stati fissati indelebilmente alcuni momenti "epici" della vita di quei personaggi famosi che sono rimasti e rimarranno per tutti "senza tempo". Si prenda, fra tutte, la fotografia di Marilyn. Bellissimo lo sguardo della diva, bellissimo l'effetto creato dall'insieme delle pieghe del lenzuolo appoggiate morbidamente sul corpo, bellissima e inquietante l'atmosfera che traspare dagli occhi della diva stessa languidamente abbandonata a contemplare l'attività del crudele destino e ad anticiparne gli effetti con distacco e per suscitare l'emozione di tutti.

E che dire di immagini di film quali *La mia Africa*, *La scelta di Sophie*, *Butch Cassidy*, *2001 Odissea nello spazio*? Douglas Kirkland, fotografo di scena, ha voluto e saputo, sempre per la gioia di tutti, fissare sulla carta le emozioni del pubblico per farle rinascere in iascuno di noi attraverso gli occhi. Con l'ultima sua fatica, intitolata *Body Stories*, infine, Douglas Kirkland ha voluto omaggiare il "corpo umano", ritraendolo anche in bianco e nero quasi per rappresentarlo incorruttibile e insensibile all'evoluzione tecnologica. Douglas Kirkland, in breve, ha saputo concretizzare visivamente i sogni che sono stati un tempo e che sono dentro di noi; ha voluto celebrare la bellezza senza tempo, è riucito a imprimere sulla carta l'atmosfera creata nell'anima dalle sensazioni esterne.

A year later... Douglas Kirkland

Giovanni Luca Darbi

On September 27, 1996, the city of Verona dedicated the most wonderful historical site to the Art of Photography. Since then, we have exhibited different aspects of this profession.

Photography originates from a mechanical, optical and chemical process and yet it has revealed the expression of the journalistic soul of David and Peter Turnley, the art of conceptualization of Isabel Muñoz and the ironic eye of Elliott Erwitt. With the images from the archives of brothers Enzo and Raffaello Bassotto, photography has shown us its documentary nature which is part of its essence, akin to Walker Evans's work.

The Art of Photography is still relatively young and there is a lot to be done to make it accessible to a greater public.

Not only are we willing to dedicate more space to photography, we also want to stimulate the enthusiasm of this new public. We want people to get to the heart of the photographic process through subjects and places portrayed in a simple yet emotional way. This is the reason why the International Center of Photography "Scavi Scaligeri" is featuring Douglas Kirkland this year.

Some of this artist's work is already part of everybody's personal patrimony. In his photographs, he has immortalized moments in the life of personalities which will remain timeless. Take the photo of Marilyn Monroe, the amazing look in her eyes, the beautiful effect created by the sheets falling softly around her body, the seductive atmosphere emanating from the scene. She is reclining in abandon observing the effects of her cruel karma and her power to stir up emotions in everyone.

No words can describe the images of films such as *Out of Africa*, *Sophie's Choice*, *Butch Cassidy*, *2001 A Space Odyssey*. For everyone's enjoyment, Douglas Kirkland has always had the ability to capture emotions on film, and those are elevated once again through the eyes of the beholder.

With his latest accomplishment, *Body Stories*, Douglas Kirkland wanted to celebrate "The Human Form," at times going back to black and white to make it almost incorruptible and insensitive to technical evolution.

In a few words, Douglas has been able to materialize the dreams that were and are in all of us; he wanted us to celebrate timeless beauty and has been able to capture on paper the effect, external sensations create in the human soul.

Translation by Barbara Conte and Françoise Kirkland

Douglas Kirkland: fotografo di miti

Grazia Neri

Affascinante come Robert Redford in *Il Grande Gatsby* Douglas Kirkland si muove con eleganza nella sua bella villa sulle colline di Hollywood. Le sue brevi frasi volano leggere quando a voce bassa e con pacatezza in compagnia della bella moglie francese intrattiene gli amici mostrando le sue ultime stampe *Iris*. Frasi leggere ma acute e penetranti che gettano luce sui cambiamenti dell'industria cinematografica e le sue nuove illusioni con illuminanti considerazioni sulla breve vita delle nuove star, massimo dieci anni e l'eccessiva protezione del *publicist* che si rivolta contro il mito che essi stessi cercano di creare.

Pochi attori oramai sono in grado di perpetuare il proprio fascino come fecero Cary Grant, Frank Sinatra, Liz Taylor, Katherine Hepburn... Il mito può essere aiutato dal *publicist* e dai media ma solo il fascino personale dell'attore è garanzia di un successo duraturo. Tutti noi temiamo il fotografo. Ma tanto più è temuto da coloro che costituiscono la propria esistenza sull'immagine, terrorizzati da una smorfia o da un'espressione infelice che può far nascere sospetti in ammiratori e produttori: una ruga in più, un *look* inadatto, una luce crudele possono far perdere una scrittura o modificare l'aspetto che con così tanta fatica si era creato.

Sfilano i grandi miti: Coco Chanel, maestra d'eleganza anche a settant'anni, l'accattivante Jeanne Moreau, la splendida Romy Schneider, l'ironica Marlene Dietrich, il malinconico e "amoroso" Mastroianni, gli sguardi innamorati di Liz Taylor e Richard Burton, la complicità tra Vincente e Liza Minnelli, l'imponenza di Orson Welles... Tutte le foto raccontano il piacere della seduzione. E in verità si tratta di una seduzione al quadrato in un gioco di rimandi tra il fotografo e il personaggio. Douglas è un uomo affascinante ma non aggressivo e grazie alla sua abilità riesce sempre a ottenere "l'abbandono" dell'"oggetto" fotografato: "sono qui per renderti più bello o più bella, non voglio cambiarti, mostrati, seducimi... e io rivelerò la tua personalità". Si tratta dunque di una vera forma di seduzione che non corrisponde alla banale e semplicistica convinzione popolare che i fotografi delle celebrità siano dei donnaioli incalliti. A riprova di quanto detto l'indimenticabile sequenza delle dolcissime foto di Marylin Monroe ma anche la riuscita foto di Ornella Muti generalmente mal fotografata o colta nelle sue espressioni più tristi. La galleria dei ritratti non dimentica altri tipi di miti: Man Ray, Andy Warhol, Michail Baryshnikov, Stephen Hawkins, Lartigue...

Un'altra abilità di Douglas è quella di creare delle icone durature. Basti pensare alla sequenza del ballo di John Travolta in *La febbre del sabato sera*, all'immagine sofferta di Judy Garland... Il pubblico reinventa il passato, il proprio gusto attraverso questi scatti che diventano insostituibili. È una dote che Douglas ha potuto sviluppare grazie al suo incessante contatto con la bellezza, la celebrità, il mito. Le Major americane da subito lo hanno voluto sul set di film celeberrimi quali *La mia Africa*, *2001 Odissea nello Spazio*, *Showgirls* dove Douglas lavorava sempre con donne nude.

Tuttavia Douglas non è solo un fotografo di celebrità: a lui dobbiamo anche una delle più belle immagini di un osservatorio astronomico e sue sono le foto di una coppia di anziani nudi che si baciano. La quantità di servizi, ritratti, lavori commerciali è pressoché infinita. Questa antologia offre solo una parte di un lavoro immenso iniziato più di trenta anni fa e che non ha conosciuto cedimenti di forma o di contenuto.

Potrebbe sembrare che questo successo sia dovuto unicamente al suo modo di porsi pacato e discreto che gli permette di instaurare un rapporto intelligente con "l'altro" e che l'indiscussa fama di ritrattista sia una conseguenza del suo fascino personale. Non è solo così. Fortunatamente Douglas è discepolo di una scuola di fotografia di grande tradizione che esige non solo creatività ma anche conoscenze tecniche precise. Quotidianamente esamino i *book* di giovani fotografi che accentuano un falso *arty-look* nella speranza di supplire alle loro carenze tecniche. In questa antologia è bello constatare l'armonia tra una tecnica impeccabile e una singolare espressività, un equilibrio che ci ricorda che siamo al cospetto di un grande fotografo innamorato del suo mestiere teso nello sforzo di restituire immagini di assoluta bellezza, testimonianze di un profondo sentimento di amore per l'altro.

Douglas Kirkland: photographer of legends

Grazia Neri

Douglas Kirkland moves gracefully around his lovely house in the Hollywood Hills and his charm reminds me of Robert Redford in *The Great Gatsby*. He speaks quietly, in short sentences, as he and his beautiful French wife show their friends his latest "Iris" prints. He is quiet but you feel his intensity, as he discusses the evolution of the film industry and its latest delusions. He is convinced that contemporary stars don't really last more than ten years and that publicists are so protective of their clients that they end up damaging the myth itself. Few stars, these days, have the lasting power that Cary Grant, Frank Sinatra, Elizabeth Taylor or Grace Kelly had. The illusion is created by the media and the publicists, but only the personal charm of the actor guarantees an enduring success.

Everybody is afraid of the photographer and the people who base their success on the image they have created of their clients are even more suspicious. They worry about the look, the wrinkles, the setting, "we don't do this or that," they want to play it as safe as possible to protect their investment.

There is a parade of legends with Coco Chanel, still so elegant in her seventies, the mysterious Jeanne Moreau, the gorgeous Romy Schneider, the ambiguous Marlene Dietrich, Brigitte Bardot, Sophia Loren, Marcello Mastroianni, the melancholic Latin lover, Elizabeth Taylor and Richard Burton exchanging those passionate looks, the complicity between Liza Minnelli and her father Vincent, Dustin Hoffman, and the formidable Orson Welles... All these portraits reveal the delight of seduction. As a matter of fact, I believe it is a case of double seduction. There is a "cat and mouse" game between the photographer and the star. Douglas is charming but not aggressive, and as a result he is able to rid his subject of all inhibitions. "I'm here to make you more beautiful, I don't want to change you, seduce me ... come on show me what you've got." This is an authentic pattern of seduction and it has nothing to do with the banal and simplistic concept of the photographer as the womanizer. The unforgettable series of lovely photographs of Marilyn Monroe is but one example, and look at the wonderful image of our Ornella Muti who is usually badly photographed or captured looking terribly sad.

And the gallery of portraits includes other types of artists such as Man Ray, Andy Warhol, Mikhail Baryshnikov, Dr. Steven Hawking, Jacques Henri Lartigue...

One of Douglas's great gifts has been to create timeless icons, like John Travolta in the dance sequence from *Saturday Night Fever*, or the classic portrait of Judy Garland crying. People reinvent the past and identify themselves with images which become irreplaceable. Douglas has had the luck to be able to develop his talent thanks to his constant contact with beauty, celebrity, and myth. The major studios have hired him as a special photographer of such famous films as *Out of Africa*, *2001. A Space Odyssey* and *Showgirls* which allowed him to express his vision of nudity.

But Douglas is not just a "celebrity photographer," he has also given us beautiful images from his astronomy work, and he portrayed the dignity of an old couple kissing in the nude. The variety of his accomplishments is vast. This anthology offers but a small portion of an out-standing body of work which started over thirty years ago and has been consistent throughout its evolution.

You might think that Douglas's success is a result of his ability to connect with his subject or of his personal charm; fortunately, he belongs to the old fashioned school, first the technique, then the creativity. Every day, for professional reasons, I look at various photographers' portfolios and I'm often confronted with a false arty look devised to hide poor technical skills. This anthology reflects perfect harmony between impeccable technique and singular vision, a balance which reminds you that you are in the presence of a great photographer, deeply passionate about his profession, whose intense dedication to give us images of absolute beauty stems from a deep authentic love for humanity.

Translation by Barbara Conte and Françoise Kirkland

1960/70

La mia vita ha subito una svolta nel 1960, quando diventai fotografo, all'età di venticinque anni, per la prestigiosa rivista americana "Look". Erano gli inizi di un decennio che spesso è stato definito "l'epoca d'oro del giornalismo fotografico" e io mi sono trovato a far parte di questo fenomeno.

Mi sembra di avere dinnanzi immensi orizzonti, dal momento che tutti attorno a me manifestavano un vigoroso entusiasmo per ogni forma di sperimentazione. Ho trascorso quest'epoca con la mia inseparabile macchina fotografica, guardando attraverso gli obbiettivi con lo stupore e la vivacità di un bambino. Vivevo in una sorta di mondo incantato e sentivo che la mia missione era quella di immortalare ogni istante, dal primissimo esordio dei "figli dei fiori" e la moda dell'epoca, fino allo splendore e alla decadenza delle star cinematografiche.

I started living in a new world in 1960, when I became a staff photographer for the great American magazine *Look*, as I turned twenty-five. This was the beginning of a decade which has often been described as "The Golden Age of Photojournalism," and I was right there in the center of it.

All doors seemed opened to me and everyone around me vigorously encouraged all forms of experimentation. I carried my camera through this era with a child's wide-eyed wonderment and exhilaration. I was living a fantasy and I felt my mission was to record everything from the "beat of the flower children" and the fashion of the day, to the brightness and shadows in the lives of movie stars.

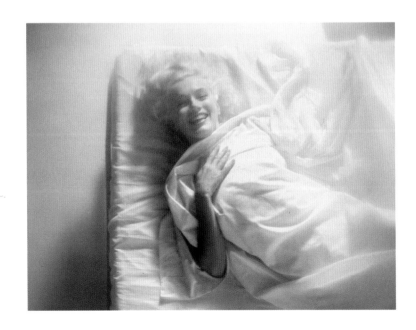

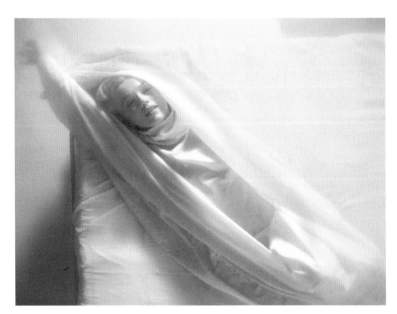

Marilyn Monroe, Hollywood, 1961

Coco Chanel, Paris, 1961

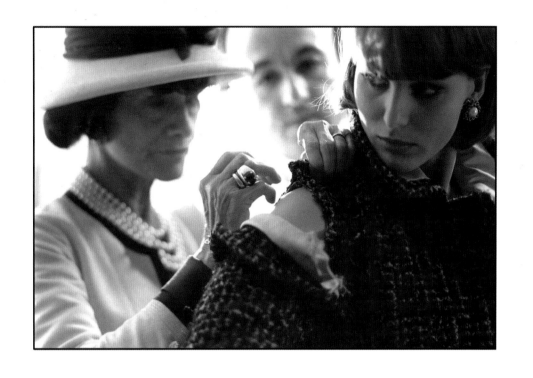

Jeanne Moreau with Pierre Cardin,
Mexico, 1965

Jeanne Moreau, Mexico, 1965

Jeanne Moreau, *Viva Maria*,
Mexico, 1965

Louis Malle, *Viva Maria*, Mexico, 1965

Brigitte Bardot, *Viva Maria*, Mexico,
1965

Brigitte Bardot, Mexico, 1965

Melina Mercouri, Roma, 1965

Peter O'Toole, London, 1964

Judy Garland, New York, 1961

Marlene Dietrich, New York, 1961

Romy Schneider, New York, 1962

Audrey Hepburn, Paris, 1965

Virna Lisi, Rome,

Virna Lisi, Los Angeles, 1965

John Lennon, *How I Won the War /*
Come ho vinto la guerra, Spain,
1966

Vanessa Redgrave, Hollywood, 1967

Charlie Chaplin, Sophia Loren,

Marlon Brando, *Countess of Hong Kong / La contessa di Hong Kong*, London, 1966

Charlie Chaplin, London, 1966

Michael Caine, London, 1967

Julie Christie, Boston, 1964

Robert Redford, Katherine Ross,
Paul Newman,
Butch Cassidy and the Sundance Kid /
Butch Cassidy,
Utah, 1968

Robert Mitchum, *Ryan's Daughter /*
La figlia di Ryan,
Ireland, 1969

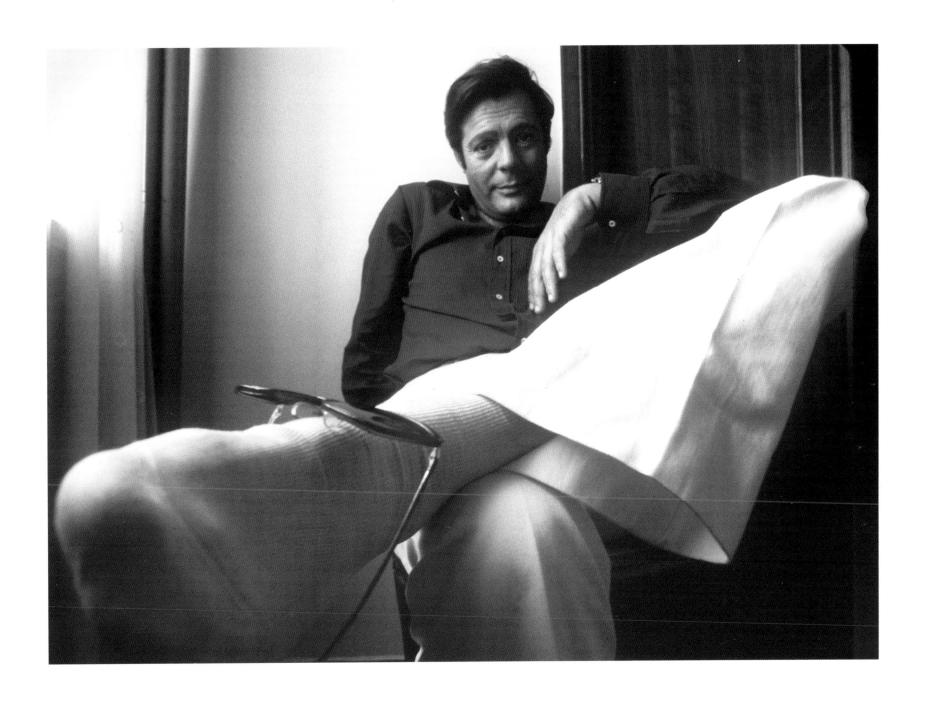

Anouk Aimee, Hollywood, 1968

Marcello Mastroianni, Italia, 1968

Marcello Mastroianni and Faye
Dunaway, *A Place for Lovers / Gli
Amanti*, Treviso, 1968

Faye Dunaway and Douglas
Kirkland,
Italia, 1968

Katherine Hepburn, Nice, 1968

Elizabeth Taylor and Richard
Burton, Las Vegas, London, Paris
1961, 1963, 1965

Elizabeth Taylor and Richard
Burton, Paris, 1965

Ann Margret, Las Vegas, 1969

1970/80

All'inizio degli anni settanta mi ritrovai comodamente a lavorare per un buon numero di compagnie cinematografiche e per la rivista "Life". Poi, nel 1973, accadde l'inimmaginabile: la rivista "Life" smise di pubblicare. I giorni del giornalismo fotografico, così come lo intendevamo noi, sembravano contati.

Mi furono affidati nuovi servizi fotografici, ma provenivano da una serie di clienti e di pubblicazioni poco inclini ad approfondire i soggetti. Mi si domandava di realizzare un lavoro in qualche ora, piuttosto che in giorni o settimane. La mia unica alternativa era di fotografare su ordinazione e, qualora possibile, di soffermarmi più a lungo dove lo ritenessi opportuno.

L'altra possibilità era quella di inventarmi dei servizi fotografici, ed è poi quello che faccio ancora oggi.

Alla fine degli anni settanta, ero molto impegnato, essendomi reinventato con successo, per adeguarmi alle esigenze di una nuova epoca.

As the 1970s arrived, I found myself working comfortably for a number of movie companies and *Life Magazine*. Then, at the beginning of 1973, the unthinkable happened: *Life* stopped publishing. Photojournalism as we had known it seemed to be vanishing.

My assignments were still there, but they were from a new wave of publications and clients, who wanted a less "in depth" look, photographed over hours, rather than days or weeks. My recourse was to photograph what I was asked for, then whenever possible, stay longer and do what I felt was more meaningful.

The other answer was, creating my own assignments, which I still do today.

By the end of the decade, I was very busy, having successfully, reinvented myself, to the demands of a new day.

Francis Ford Coppola, George
Lucas, *Zoetrope*,
San Francisco, 1970

John Travolta, *Saturday Night Fever /*
La febbre del sabato sera,
Hollywood, 1977

Dennis Hopper, New Mexico, 1970

Dominique Sanda, France, 1972

Bette Middler, New York, 1972

Charles Bronson, Roma, 1972

Catherine Deneuve, Vienna, 1970

Ringo Starr, London, 1970

Diane Keaton, Hollywood, 1977

Sigourney Weaver, New York, 1979

Faye Dunaway, *China Town*, Hollywood, 1974

Robert de Niro, *New York New York*, Hollywood, 1978

Man Ray, Paris, 1972

Jacques Henri Lartigue, Paris, 1970

Lauren Bacall and John Wayne, *The Shootist / Il pistolero*
Burbank, 1976

Warren Beatty, Vancouver, 1971

Britt Ekland, Paris, 1970

Sophia Loren, *Man of La Mancha /*
L'uomo della Mancha, Roma, 1972

Carrie Fisher, New York, 1980

1980/90

All'inizio degli anni ottanta, nel mio ambiente di lavoro, sembrava vi fossero tanti soldi, energia ed entusiasmo. Un giorno andavo a fotografare ciò che mi colpiva della Transiberiana, poi mi recavo in Cile a lavorare con gli astronomi e per finire, un viaggio nella Cina della post rivoluzione culturale con un servizio sugli studi cinematografici di Pechino. A volte, muoversi con questa rapidità, era così eccitante che facilmente si perdeva di vista la meta finale.
Alla fine del decennio, le cose, piano piano, sembrono acquisire un senso compiuto e mi sembrò più facile riuscire a capire che tipo di lavoro volessi fare. Per lo più scelsi di fotografare le celebrità.

At the beginning of the eighties there seemed to be a lot of money, energy and excitement around in the areas in which I worked. One day I'd be off to photograph my impressions of the Trans-Siberian Railroad, then to Chile to work with astronomers, followed by a trip to post-Cultural Revolution China, for a story on the Beijing Film Studio. It was a very exciting time, sometimes moving so fast, that it was difficult to keep a clear picture of where I was heading.
As the decade came to a close, things seemed to balance themselves more and I found it easier to determine what work I really wanted to do. A large part of that remained, photographing celebrities.

Brigitte Nielsen, Hollywood, 1986

Orson Welles, Beverly Hills, 1983

Anthony Perkins, *Crimes of Passion /
China Blu*
Los Angeles, 1984

Ken Russell and Kathleen Turner,
Crimes of Passion / China Blu, Los
Angeles, 1984

Mikhail Baryshnikov, New York,
1986

Natalie Wood and R.J. Wagner,
Beverly Hills, 1980

Val Kilmer, Hollywood, 1988

Peter Falk, Hollywood, 1988

Alle pagine seguenti:
Susan Sarandon, New York, 1988

Kelly Mc Gillis, San Diego, 1985

Kathleen Turner. Hollywood, 1984

Mick Jagger, Mexico City, 1983

Joe Mantegna, New York, 1989

Kim Basinger, Hollywood, 1989

Ornella Muti, Beverly Hills, 1980

Isabelle Huppert, Hollywood, 1985

Roman Polanski, *Pirates / Pirati*,
Tunisia, 1985

Vincente and Liza Minnelli,
Palm Springs, 1985

Kirk Douglas, Beverly Hills, 1988

Michael Douglas, Mexico, 1983

Meryl Streep, *Sophie's Choice / La scelta di Sophie*, New York, 1982

Jodie Foster, Hollywood, 1986

Out of Africa / La mia Africa,
Kenya, 1985

Out of Africa / La mia Africa,
Kenya, 1985

Vincent Perez, Malibu, 1989

Matt Dillon, New York, 1989

Alle pagine seguenti:
Kurt Russell, Hollywood, 1989

Dustin Hoffman, New York, 1988

1990/97

Al principio degli anni novanta, vi fu un grande cambiamento nella mia vita, quando la tecnologia mi portò a scoprire il nuovo mondo dell'immagine al computer. Oggi, nel 1997, adopero lo stesso procedimento, che un tempo usavo nella camera oscura, per sottolineare ed eliminare linee di contorno, per schiarire o scurire le ombre o i colori e per poi renderli simili a come la mia immaginazione li vede. Questo è quello che i fotografi fanno da sempre, con la differenza che alcuni di noi, oggi, dispongono di nuovi mezzi.

Nessuna macchina o mezzo tecnologico, tuttavia, potrà mai sostituire uno sguardo passionale o languido nel soggetto fotografato. Ciò può solo essere creato da quel delicato mondo del subconscio che si crea nella relazione fra il fotografo e il suo soggetto.

Agli inizi del mestiere non avrei mai immaginato dove sarei arrivato alla fine di questo millennio. Ora che questo si avvicina, posso solo formulare una misteriosa domanda "Quale sarà la prossima meta?"

In the early nineties, a major change took place in my life when technology brought me into a new world of computer imaging. And today, in 1997, I use this process no differently than I once used my darkroom, to etch and purify lines, to lighten and darken shadows or colors, to bring them in to what my mind's eye sees. Photographers have always done this, it's only that the tools have changed for some of us.

But none of these devices or machines can replace the look of passion or pensiveness in the eyes of a subject. That comes from that delicate semi-conscious world of a photographer's relationship with his subject.

When I started I could never have imagined where I would be at the end of this millennium. Now as it approaches I can only ask the haunting question, "Where next?"

Alla pagina precedente:
Diego Abatantuono, Hollywood,
1992

Sherilyn Fenn, Hollywood, 1990

Antonio Banderas, Santa Monica,
1995

Jeff Goldblum, Hollywood, 1992

Morgan Freeman, Hollywood, 1990

Alle pagine seguenti:
Leonardo Di Caprio, Mexico, 1997

Salma Hayek, Santa Monica, 1995

Casper Van Dien, Hollywood, 1997

Kate Winslet, Mexico, 1997

Pierce Brosnan, Malibu, 1991

Rachel Ward, Hollywood, 1990

Wim Wenders, Paris, 1991

Shirley Mc Laine, Malibu, 1995

Paul Verhoeven, *Showgirls*, Lake
Tahoe, 1994

Elizabeth Berkley, Hollywood, 1994

Julie Delpy, Hollywood, 1993

Marcello Mastroianni, Beverly Hills,
1993

John Lone, Hong Kong, 1994

Zhang Yimou, Bejing, 1994

Chen Kaige, *Temptress Moon*,
Shanghai, 1994

Lakbaja, Dakar, 1997

Papa Wemba, Dakar, 1997 and
Grace Jones, Hollywood, 1996

Jim Cameron, *Titanic*, Mexico, 1997

Keir Dullea, *2001: A Space Odyssey* /
2001 Odissea nello spazio

Una vita con Douglas

Françoise Kirkland

Mentre Douglas e io preparavamo questa retrospettiva del suo lavoro, gli amici che guardavano le foto esclamavano puntualmente: "Che vita meravigliosa!". Queste foto sono, senza dubbio, una testimonianza di quella grande avventura che è stata la nostra vita insieme. Ogni singola immagine rievoca la memoria di un tempo o di un luogo e provoca un sentimento di felicità, di euforia, o, a volte, di malinconia. Durante i mesi passati a selezionare le fotografie e le diapositive ci siamo chiesti: "Quale dei nostri figli vogliamo abbandonare?" È stato estremamente difficile eliminare immagini che hanno avuto un significato così speciale per noi.

La nostra relazione è iniziata nel 1965 a Parigi sul set del film *Come rubare un milione di dollari*, uno dei piccoli capolavori di Audrey Hepburn e Peter O'Toole. Io ero una cocciuta ventunenne, studentessa della Sorbonne e mia madre lavorava per quella compagnia cinematografica. Douglas venne per fotografare le star e mi fece una corte spassionata, con la complicità della Senna. Ci innamorammo e poi, una notte, finimmo con lo sposarci a Las Vegas, dando il via a un'unione che è sopravvissuta ai tempi duri ed è andata sbocciando fino a oggi.

Prima che Douglas arrivasse agli Studi di Boulogne era già nota la sua fama di persona sfuggente. Mi aspettavo di incontrare uno snob invece mi sono trovata di fronte un giovane uomo alto, magro, con degli occhi azzurri chiarissimi. Tranquillo e alla mano, spesso si stiracchiava e si addormentava sulla poltrona dell'ufficio di mia madre. Douglas aveva trent'anni, era divorziato con tre figli e già famoso come fotografo delle dive. Nonostante ciò, vi era in lui un qualcosa di innocente che lo rendeva totalmente accessibile e vulnerabile. I miei genitori non erano certo al settimo cielo, quando nel bel mezzo del mio ultimo anno universitario me ne sono andata in viaggio con lui, ma ero così innamorata che niente poteva fermarmi. Per salvare la faccia, ogni volta che incontravo Douglas a Londra, a Roma, a Venezia o a Madrid, ci inventavamo ipotetici lavori per me, come assistente. Erano le primissime volte che lavoravamo insieme ed era estremamente romantico ed esaltante.

Gli anni sessanta e i primi anni settanta furono un'epoca di abbondanza e di grande libertà per il giornalismo fotografico e noi ne assaporammo il meglio. Vivevamo da milionari, con tutti i vantaggi ma senza le responsabilità dei ricchi. Pernottavamo nei migliori alberghi e frequentavamo l'aristocrazia del cinema. Era un'autentica gioia di vivere, senza pretese e noi la coglievamo a cuore aperto. Invitavamo gli amici più indigenti nei ristoranti sofisticati, ci portavamo strumenti musicali in viaggio così Douglas poteva suonare il flauto o il clarinetto nei momenti di relax e, senza dubbio, visitammo tutti i negozi di apparecchiature fotografiche presenti su questo pianeta. Gli editori ci trattavano da re. Ci facevamo coinvolgere nelle vite dei soggetti fotografati, a volte passando con loro intere settimane. Julie Christie mi portò a fare shopping da Biba, il negozio londinese più "in"dell'epoca "Swing". Brigitte Bardot, invece, mi ignorava, volendo per sé tutte le attenzioni di Douglas. Ad Amburgo, mentre eravamo seduti su un minibus con John Lennon arrivò un'orda di fans e travolse l'autobus. Facemmo le ore piccole con Melina Mercouri e i suoi amici profughi greci. Sul set del film *La contessa di Hong Kong* Marlon Brando non fece che prendermi in giro e farmi arrossire, mentre in *Butch Cassidy* Robert Redford e io discutemmo di filosofia e d'amore fra un ciak e l'altro. Una volta, mentre Douglas e io ci trascinavamo per i corridoi del Beverly Hills Hotel, con l'equipaggiamento fotografico, alcuni clienti "per bene" si lamentarono con il manager dell'albergo di "quei figli dei fiori" che eravamo noi. La prima volta che Douglas mi fotografò, pensavo fosse indemoniato. Quando era dietro l'obiettivo, veniva posseduto da un'intensità che lo rendeva completamente diverso da quell'uomo mite che conoscevo. Imparai che c'erano due personalità in Douglas: una passionale e l'altra persistente e tutta rivolta al raggiungimento di certi obiettivi prefissati. Oggi, dopo trent'anni, adotta nel lavoro la stessa combinazione di entusiasmo e tranquilla determinazione, sia che stia fotografando una bella donna, sia che il soggetto sia un funerale in Ecuador. L'approccio di Douglas con i suoi soggetti è così disarmante da permettergli di andare oltre la pura esteriorità della persona. "Sembrano tutti così nudi!", fu il commento preoccupato di un'attrice che guardava le sue foto prima di iniziare un servizio. "È più onesto verso il soggetto che verso se stesso", commentò un collega. "Douglas è un uomo che sa ascoltare". "Conservo ancora in me alcuni retaggi del mio luogo di origine", dice Douglas. L'infanzia felice trascorsa in una cittadina del Canada ha influito sul suo modo di concepire il mondo, e, per dirla con le sue parole "lo ha tenuto con i piedi per terra". La modestia, unita a un profondo senso di responsabilità, gli fa dare il meglio di se stesso, quali che siano le circostanze, ma è il suo profondo amore per il lavoro ciò che lo caratterizza maggiormente. Da quando lo conosco non ha mai smesso di mettersi in discussione e di reinventarsi come artista. La sua volontà di trovare nuovi modi di raccontare la complessità dei soggetti è evidente nella collezione presentata in questo libro. "A volte trovo quasi impossibile rappresentare i vari aspetti di una personalità in un'immagine" dice, "questo risultato è la naturale evoluzione del desiderio di esprimere me stesso". Una sera, dopo che avevamo finito il piano di disposizione delle foto, Douglas e io stavamo cenando e sorseggiando del buon Brunello di Montalcino, accompagnati dalla musica di *Hair*. Di fronte allo sguardo stupito dei nostri due gatti Derfi e Zouzou, lui mi prese e mi fece volteggiare per il salotto, mi baciò e disse: "Questo libro è stato un bel viaggio". È stato veramente un parto d'amore, interrotto qua e là da alcuni dissapori. Quando non eravamo d'accordo su qualcosa, gridava, per tranquillizzarmi: "Abbiamo entrambi torto e tutti e due ragione!". Di recente, durante una notte insonne, mi sono alzata e ho sentito un desiderio irrefrenabile di guardare le pagine di questo libro, ancora una volta. Di nuovo mi sono commossa di fronte al talento di quest'uomo che è mio marito e il mio compagno. Dal momento in cui ha deciso di farsi strada nel mondo con una macchina fotografica fra le mani, questo viaggio insieme, che è la nostra vita, non smette mai di riservarci sorprese, gioie e nuove sfide.

Traduzione di Barbara Conte

A life with Douglas

Françoise Kirkland

As Douglas and I were assembling this retrospective of his work, friends who looked through the photographs would invariably exclaim, "What a life!" These pictures are indeed evidence of the great adventure that has been our life together. Each image conjures up a memory of a time and place and triggers a mood, sometimes happy, sometimes excited or wistful. During the months that we spent looking through and editing piles of prints and transparencies, we wondered "which of our children are we going to abandon?" It was extremely difficult to eliminate images which had such special meaning to us.

Our relationship began in 1965 on a film set in Paris, *How to Steal A Million Dollars*, one of Audrey Hepburn and Peter O'Toole's lesser triumphs. I was a headstrong twenty-one-year-old student at the Sorbonne; my mother worked for the film company. Douglas came to take pictures of the movie stars and romanced me by the Seine. We fell in love and eventually got married in Las Vegas late one night, starting a partnership which has survived some rocky times and flourishes to this day.

Douglas's dashing reputation preceded him when he arrived at the Studio de Boulogne. I expected a snob and found a tall, lanky young man with very clear blue eyes. Calm and easygoing, he kept stretching and falling asleep in my mother's office armchair. Douglas was thirty-one and the recently-divorced father of three children, already a well-known celebrity photographer. Yet there was an innocence about him that made him totally accessible and vulnerable. My parents were not exactly thrilled when I took off in the middle of my last year of college to travel with him, but I was in love and nothing could stop me. To save face, we invented assisting jobs for me to do as I met Douglas in London, Rome, Venice, and Madrid. This was my first taste of working together and it was wonderfully exciting and romantic.

The sixties and early seventies were a period of abundance and great freedom for photojournalism and we enjoyed the best of it. We lived like millionaires without the responsibility of being rich, staying in the best hotels of Europe and mingling with the "aristocracy" of the cinema. It was all very unpretentious, full of *joie de vivre*, and we embraced it heartily. We invited friends who were broke to eat with us in fancy restaurants, took musical instruments on the road so that Douglas could play the flute or the clarinet to relax, and surely visited every single camera store on the planet. Publicists treated us like royalty.

We got involved in the lives of our subjects, sometimes spending weeks at a time with them. Julie Christie took me shopping at Biba, the hip store in Swinging London. Brigitte Bardot ignored me, wanting Douglas all to herself. While we were sitting with John Lennon in a minibus in Hamburg a mob of fans arrived and rocked the bus. We stayed up all night discussing politics with Melina Mercouri and her Greek-refugee friends. On the set of *Countess of Hong Kong*, Marlon Brando delighted in teasing me and making me blush, while on *Butch Cassidy and the Sundance Kid* Robert Redford and I discussed love and philosophy between takes. Once when Douglas and I tramped through the corridors of the Beverly Hills Hotel with our photo equipment, well-appointed guests complained to management about the flower children.

The first time Douglas photographed me I thought he was possessed. When he got behind the lens he was seized by an intensity which transformed him into another person entirely from the mild-mannered man I knew. I learned that there were two sides to Douglas, one passionate and the other focused and doggedly persistent. Today, more than thirty years later, he applies the same combination of excitement and quiet determination to his work, whether he is shooting a beautiful young actress or a funeral procession in Ecuador.

Douglas's approach to his subjects is so disarming that he manages to capture far more than the external shell of a person. "Everyone looks so naked," was one actress's slightly apprehensive reaction, looking at the work before a photo session; "He is loyal to his subjects rather than to himself," observes a fellow photographer. "Douglas is a man who knows how to listen."

"Part of where I came from is still in me," says Douglas. A happy childhood in a small town in Canada shaped his attitude towards the world and, as he puts it, "has kept my ego down to earth." Modesty combined with a fundamental sense of responsibility to give his very best no matter what the circumstances—and above all, his deep love for his work—is basically what Douglas Kirkland is all about. As long as I've known him he has constantly questioned and reinvented himself as an artist. His intention to continue to explore new ways of storytelling to communicate the complexity of his subjects is represented by the collages woven through this book. "There are times when I find it impossible to illustrate the various facets of a personality in one image," he says. "This is the natural evolution of my desire to express myself."

One evening after we finished these layouts, Douglas and I were having dinner, sipping a good bottle of Montalcino and listening to the music of *Hair*. With our two cats, Derfie and Zouzou watching, he twirled me around the living room, kissed me and said, "Well, it was a nice trip through this book..." It has truly been a labor of love, punctuated by some fantastic arguments. When we'd disagree, he'd cry "we're both right and we're both wrong!" to pacify me.

On a recent sleepless night, I got up and felt compelled to look through the pages one more time. Again, I was moved by the talent and dedication of this man who is my husband and partner. Because he has chosen to make his way through life with a camera in his hands, our journey together never ceases to bring forth joy, surprises and new challenges.

Ringraziamenti/Acknowledgments

Françoise e io ringraziamo con tutto il cuore la città di Verona e Luca Darbi che hanno reso possibile la realizzazione di questo libro e della relativa mostra.

Vorremmo porgere un sentito ringraziamento a Grazia Neri e al suo staff, specialmente Chiara Mariani e Elena Ceratti, per il loro enorme contributo nel portare a termine questo progetto. Eleonora Boaro ci è stata di grande aiuto nell'allestire la mostra.

Molti dei nostri amici più cari hanno giocato un ruolo importante in questo lavoro, con il loro aiuto e il loro sostegno. Da Barbara Conte, con l'adattamento in italiano a Nancy Griffin, Steve Newman, Lynda Weinman, Scott Browning, Robert Pledge, Eliane e Jean-Pierre Laffont, David e Devi Cohen, Pete e Reine Turner, Gerd e Max Ludwig, Claudio, Patrizia e Arthur Castellacci e, per finire, Will Hopkins e Mary Kay Bauman.
Un grazie a tutti.

Siamo estremamente riconoscenti per il continuo aiuto e la collaborazione ricevuta da Eastman Kodak, Dan Steinhardt, Dave Metz, Michael Newler della Canon Usa e per finire, dal nostro caro amico Henry Froehlich della Mamiya. Vogliamo ringraziare anche la Mondadori per aver messo a disposizione un così alto standard di professionalità e abilità.

In fine, Françoise e io vorremmo dedicare questo libro, con tanto amore, ai nostri figli Mark, Karen e Lisa e ai nostri nipotini, Jamie, Chad, Ryan, Patrick, Zoltan e Dante.

Traduzione italiana di Barbara Conte

Françoise and I wish to extend our profound thanks to the city of Verona and Luca Darbi who made this book and accompanying exhibit possible.

We also wish acknowledge and thank Grazia Neri and her staff, especially Chiara Mariani and Elena Ceratti, for their enormous help in bringing this project to completion. Eleonora Boaro also contributed enormously with her help in hanging this show.

Many of our close friends made a great difference throughout this work with their help and support, from Barbara Conte with the Italian translation to Nancy Griffin, Steve Newman, Lynda Weinman, Scott Browning, Robert Pledge, Eliane and Jean-Pierre Laffont, David and Devi Cohen, Pete and Reine Turner, Gerd and Max Ludwig, Claudio, Patrizia an Arthur Castellacci, as well as Will Hopkins and Mary Kay Bauman. We thank you all.

We recognize and appreciate the continued help and support received from Eastman Kodak and Dan Steinhardt, as well as Dave Metz, Michael Newler of Canon USA and our special friend Henry Froehlich at Mamiya. We also thank the publisher Mondadori, for the high level of concern and craftsmanship which they have put into this project.

Finally, Françoise and I would like to dedicate this book to our children Mark, Karen and Lisa and our grandchildren, Jamie, Chad, Ryan, Patrick, Zoltan and Dante, with love.

Biografie / Biographies

Douglas Kirkland è nato a Toronto, Canada, nel 1935. Trascorre gli anni della sua formazione a New York prima di trasferirsi stabilmente a Los Angeles verso la metà degli anni settanta.

La sua carriera entra nel vivo negli anni sessanta quando, poco più che ventenne, nel momento d'oro del fotogiornalismo comincia a lavorare per "Look" e più tardi per "Life". Tra gli *assignement* più apprezzati i reportage sulla Grecia e il Libano, i servizi di moda e i ritratti ai miti del cinema tra cui Marilyn Monroe, Elizabeth Taylor e Marlene Dietrich.

Kirkland è stato il fotografo di scena di oltre settanta film tra cui *La mia Afric*a, *La scelta di Sophie*, *Butch Cassidy, 2001. Odissea nello spazio*, *True Lies* e recentemente *Titanic*.

Uno dei libri di Douglas Kirkland, *Light Years*, è stato pubblicato da Thames and Hudson nel 1989 seguito da *Icons* pubblicato nel 1993 da Collins in San Francisco. Tra i personaggi più popolari ritratti per *Icons* figurano Dustin Hoffman, Robert Redford, Kim Basinger, Sean Connery, Robert De Niro e lo scienziato Stephen Hawkings.

Douglas Kirkland si è imposto anche nel settore pubblicitario e della fotografia artistica. I suoi lavori sono regolarmente esposti in Asia, Europa e Stati Uniti. Negli ultimi anni ha tenuto conferenze allo Smithsonian Institution di Washington D.C., all'American Film Institute nelle Hawaii, all'Art Center of Design a Pasadena, all'Apple Computer Centers sia a New York sia a Los Angeles e nei Kodak Centers ad Hong Kong, Singapore e Taiwan. Nell'autunno del 1995 è stato insignito del "Lifetime achievement award", premio rilasciato dal S.O.C. (Society of Operating Cameramen) dell'American Motion Picture.

Douglas Kirkland, who was born in Toronto, Canada, spent much of his early professional life working in New York, before relocating in Los Angeles in the mid-seventies.

Kirkland's career started quickly when he joined *Look Magazine* in his early twenties, and later *Life* during the golden age of sixties photojournalism. Among his assignments were essays on Greece and Lebanon as well as fashion and celebrity work, photographing Marilyn Monroe, Elizabeth Taylor and Marlene Dietrich among others.

Through the years Douglas Kirkland has worked on the sets of over seventy motion pictures. Among them, *Butch Cassidy and the Sundance Kid*, *2001. A Space Odyssey*, *True Lies*, *Out of Africa*, and most recently *Titanic*.

A book of Kirkland's celebrity work, *Light Years*, was published by Thames and Hudson in 1989 followed by *Icons, Creativity with Camera and Computer*, from Collins San Francisco in the autumn of 1993. Some of the subjects interpreted in *Icons* were Dustin Hoffman, Robert Redford, Kim Basinger, Sean Connery, Robert De Niro and Dr. Stephen Hawking.

Douglas Kirkland is known for his commercial photography as well as fine arts work, and he continues to be widely exhibited throughout Asia, Europe and the United States. Within the last few years he has lectured at the Smithsonian Institution in Washington D.C., the American Film Institute in Hawaii and Los Angeles, the Art Center of Design in Pasadena as well as Kodak Centers in Hong Kong, Singapore and Taiwan. In the autumn of 1995 he received a "Lifetime Achievement Award" from American Motion Pictures' S.O.C. (Society of Operating Cameramen).

Françoise Kirkland è nata a Parigi dove ha conseguito la laurea in Scienze Politiche e in Inglese presso la Sorbona. Dopo aver lavorato come interprete simultanea, nel 1967 si trasferisce a New York dove in qualità di giornalista *freelance* lavora con il marito Douglas Kirkland. Insieme hanno prodotto documentari e spot pubblicitari televisivi. Si trasferiscono in California verso la metà degli anni settanta e Françoise nel 1978 viene nominata *photo editor* della rivista "Look Magazine" della West Coast. In seguito dal 1979 al 1981 lavora stabilmente per la rivista "Life". Dopo aver lavorato dal 1981 al 1982 come responsabile dell'ufficio della West Coast dell'agenzia Gamma-Liaison, fino al 1987 ricopre la stessa carica nella sede dell'agenzia Sygma in California. Douglas Kirkland inizia a collaborare con l'agenzia Sygma subito dopo. Ha prodotto reportage di attualità e di spettacolo che sono stati distribuiti in tutto il mondo e ha a lungo lavorato per le principali case di produzioni cinematografiche. Per il marito ha inoltre gestito i rapporti con le produzioni di vari film tra cui *La scelta di Sophie*, *La mia Africa*, *Pirati*, *Alla ricerca della pietra verde* e altri. Nel 1987 Françoise Kirkland diventa direttore del "National Magazine Publicity and Still Photography" presso il New Century/Vista. In qualità di vice presidente della pubblicità dal settembre del 1989 ha lavorato presso la Gordon Weaver Company i cui clienti includono Columbia, MGM/UA, Corsair, New Visions, Filmstar e WEG. Ha inoltre organizzato la campagna stampa e il lancio pubblicitario del libro *Light Years* di Douglas Kirkland. Dal 1990 i Kirkland hanno ripreso la loro collaborazione e da allora Françoise si occupa a tempo pieno del marito come agente, manager e consulente.

Françoise Kirkland was born in Paris and educated at the Sorbonne. She holds degrees in Political Science and English. After working as simultaneous interpreter, Kirkland moved to New York in 1967 and started a career as a freelance journalist working with her husband Douglas Kirkland. Together, they also produced a number of documentaries, featurettes and television commercials. They moved to Los Angeles in the mid-seventies and Françoise became West Coast picture editor for *Look Magazine* in 1978 and was under contract with *Life Magazine* from 1979 to 1981. After being West Coast Bureau Chief for the Gamma-Liason Photo Agency from 1981 to 1982, Françoise Kirkland became West Coast Bureau Chief for the Sygma Photo Agency until 1987. Douglas Kirkland joined Sygma soon after. She produced news and entertainment features for national and international distribution. As his agent, she represented Douglas Kirkland as special photographer on movies such as *Sophie's Choice*, *Out of Africa*, *The Pirate Movie*, *Romancing the Stone* and many more. In 1987, Kirkland became the Director of National Magazine Publicity and Still Photography at New Century/Vista. She joined the Gordon Weaver Company as Vice President of Publicity in September 1989. Clients included Columbia, MGM/UA, national publicity campaign and launching of Douglas Kirkland's book *Light Years*.
In 1990, the Kirklands renewed their business partnership and Françoise has since been overseeing the daily studio operations as well acting as manager, agent and consultant to her husband's career.

Douglas and Françoise Kirkland
©Arthur Grace

Questo volume è stato stampato da Elemond S.p.a.
presso lo stabilimento di Martellago (Venezia) nell'anno 1997
This volume was printed by Elemond S.p.a.
at the plant in Martellago (Venezia) in 1997